ORAISON FUNÈBRE

DE

L'AMIRAL COURBET

PRONONCÉE LE 1ᵉʳ AOUT 1885, A POITIERS

DANS L'ÉGLISE DE MONTIERNEUF

devant les Représentants et les Délégués du département de la Vienne

PAR

L'Abbé FRÉMONT

Ancien aumônier de l'École normale de la Seine

Vicaire à S. Philippe-du-Roule (Paris)

PARIS
LIBRAIRIE BERCHE ET TRALIN
rue de Rennes, 69

1886

ORAISON FUNÈBRE

DE

L'AMIRAL COURBET

E. Cagniard, à Rouen

ORAISON FUNÈBRE

DE

L'AMIRAL COURBET

PRONONCÉE LE 1ᵉʳ AOUT 1885, A POITIERS

DANS L'ÉGLISE DE MONTIERNEUF

devant les Représentants et les Délégués du département de la Vienne

PAR

L'Abbé FRÉMONT

Ancien aumônier de l'École normale de la Seine
Vicaire à S.-Philippe-du-Roule (Paris)

PARIS

LIBRAIRIE BERCHE ET TRALIN

rue de Rennes, 69

1886

ORAISON FUNÈBRE

DE

L'AMIRAL COURBET

Et vidit populus actum Simonis et gloriam quam cogitabat facere genti suæ.

Le peuple, témoin des hauts faits de Simon, vit qu'il ne respirait que pour la gloire de sa race.

(1er livre des MACHABÉES, ch. XIV, 35e v.)

I

MONSEIGNEUR (1),

A Religion chrétienne aime à célébrer les héros, ceux du moins qui n'ont pas oublié leur baptême et qui, dans l'ivresse des plus beaux triomphes, n'ont pas dédaigné d'incliner devant Dieu leur front couvert de lauriers.

(1) Mgr Bellot des Minières, évêque de Poitiers.

La Religion chrétienne, en effet, sait que les véritables grands hommes ressemblent, par leur gloire, à des rayons détachés de l'éternel soleil; elle sait que leurs actions d'éclat ont un prestige irrésistible et que la tombe qui, d'ordinaire, semble tout engloutir, se transforme pour eux en piédestal sublime, d'où leur renommée, statue radieuse, se dresse de plus haut et resplendit de plus loin aux yeux de la postérité.

Aussi, parcourez nos annales ecclésiastiques; allez de saint Ambroise, qui pleure sur le cercueil de Théodose, jusqu'à Bossuet, qui pleure sur celui de Condé; prêtez l'oreille aux accents de saint François de Sales, qui célèbre avec attendrissement la bravoure du capitaine duc de Mercœur, et à ceux de Mgr Dupanloup, l'immortel évêque d'Orléans, qui chante plutôt qu'il ne raconte la vie deux fois chevaleresque du général de la Moricière; écoutez Fléchier devant la tombe de Turenne, Massillon devant la tombe de Louis XIV, Lacordaire devant la tombe de Drouot, et notre illustre cardinal Pie lui-même devant l'ossuaire de nos héroïques soldats ensevelis à Lagny sous les bombes allemandes : partout et toujours, l'Église vous apparaîtra ouvrant ses temples à la dépouille des grands hommes et prononçant leur éloge, d'une voix émue, au pied de ses autels en deuil.

II

Et si vous cherchez quelle est la cause de cette conduite auguste et déjà tant de fois séculaire, il me sera doux et facile de vous la dire. La voici :

Le Christianisme a pour l'âme humaine un respect souverain, parce qu'il voit en elle un impérissable chef-d'œuvre de Dieu. Mais ce respect devient de l'admiration, et cette admiration un culte, quand l'âme humaine, déjà si grande par son origine, reconnaît elle-même sa dignité par la raison, se développe dans le bien par le mâle exercice de sa liberté, soumise aux surnaturels enseignements de la religion comme aux impulsions naturelles de la conscience, et s'épanouit tout entière en vertus, au prix des plus magnanimes efforts et sous le souffle d'en haut.

C'est ce respect, cette admiration, ce culte, qui

vous amènent aujourd'hui dans cette basilique, pour rendre hommage, Messieurs, à l'illustre marin que nous avons perdu et dont la patriotique mémoire a si justement mérité les honneurs que nous lui rendons.

III

On a demandé pourquoi le département de la Vienne avait pris l'initiative de ces honneurs mêmes. On a fait observer que, d'Abbeville à Poitiers, la distance était considérable, et que peut-être cette cérémonie funèbre n'était qu'un prétexte, habilement choisi, pour la manifestation retentissante de sentiments hostiles à nos institutions politiques.

Les esprits qui se seraient arrêtés à cette pensée vulgaire auraient connu bien peu la direction habituelle de mes sentiments, qui toujours vont à unir, jamais à diviser ; ils auraient surtout connu bien peu la loyauté de ceux de nos compatriotes qui ont réalisé l'idée touchante d'entourer d'hommages religieux la mémoire d'un soldat mort pour la France.

Il est vrai : la tombe de nos grands hommes,

comme leur berceau, ne peut occuper qu'un point du territoire ; mais leur gloire est le patrimoine de tous ; leur âme, leur souvenir, leur histoire appartiennent à la France entière, et vous êtes ici, Messieurs, parce que vous êtes Français. Aussi bien, le peuple de Paris, au noble élan duquel je suis heureux de rendre ici justice, a commencé ce beau mouvement, qui se continuera dans nos provinces, — *et vidit populus actum Simonis ;* — oui, ce peuple admirait de loin les hauts faits de notre vaillant amiral, et il savait que sa grande âme ne respirait que pour notre gloire, — *et gloriam quam cogitabat facere genti suæ.*

Dans ces circonstances, se pouvait-il que notre vieille terre du Poitou, où Charles-Martel écrasa jadis les Sarrasins, ces *Pavillons-Noirs* du huitième siècle, et où Jeanne d'Arc laissa plus tard l'empreinte de son pied chevaleresque ; se pouvait-il que notre vieille terre du Poitou, si fidèle aux cultes des grandes choses, et dont je salue avec respect, du haut de cette tribune sainte, les représentants religieux, civils et militaires, ne fût une des premières à faire écho au cri de douleur sorti de l'âme de la France, quand un télégramme néfaste nous apprit que le vainqueur de Son-Tay et de Fou-Tchéou, de Kelung et des îles Pescadores, venait, hélas! de mourir?

Non, non, Messieurs, cela ne se pouvait. Et l'imposante majesté de cet appareil de deuil et votre immense concours, dans cette pieuse enceinte, prouvent magnifiquement que ceux qui ont si noblement préparé cette cérémonie avaient mis d'avance la main sur votre cœur.

IV

Parlons donc à pleine voix du héros de cette solennité funèbre. Montrons, dans un grand tableau, la Religion et la Patrie penchées ensemble et confondant leurs larmes sur ce cercueil illustre. Oublions-nous dans la contemplation d'une gloire si pure. L'aigle de Meaux me crie en vain : « Nous ne pouvons rien, faibles orateurs, pour la gloire des âmes extraordinaires (1) ; » j'en demande humblement pardon à ce

(1) Oraison funèbre du prince de Condé.

maître incomparable de l'éloquence sacrée, non, il n'est pas vrai que, malgré notre faiblesse (et je n'ai garde d'oublier la mienne), nous ne puissions rien pour les héros : nous pouvons pour eux ce que peut de plus grand le cœur humain ; nous pouvons les aimer et le leur dire, même à travers les ombres de la mort, au delà desquelles ils nous entendent ; nous pouvons, par nos accents d'enthousiasme, susciter à leur mémoire le plus illustre des suffrages, celui de provoquer dans les âmes, dévorées tout à coup du magnanime besoin de leur ressembler, le glorieux désir de marcher sur leurs traces et de servir, comme eux, la cause de la vérité et de l'honneur, de la justice et de l'humanité.

Nul doute, Messieurs, que ce glorieux désir ne s'élève en vous quand, malgré l'insuffisance de ma parole, sur laquelle pèse aujourd'hui la sentence du Seigneur : Personne n'est prophète dans ses foyers, — *nemo Propheta in regione suâ,* — vous aurez entendu ce que fit d'éternellement mémorable : très grand, très bon, très héroïque Prosper-Anatole Courbet, grand-officier de la Légion d'honneur, vice-amiral de la marine française et commandant en chef de notre escadre, dans les mers d'Indo-Chine.

Commençons cet éloge par le récit historique d'une vie qui fut si pleine de grandeur : le haut enseignement qu'elle nous donne éclatera de lui-même dans une conclusion rapide.

V

Le récit historique d'une vie aussi pleine de grandeur que celle de l'amiral Courbet s'éclairera d'une lumière d'autant plus saisissante que nous aurons davantage pris soin de mettre dès maintenant en relief, et en ne les considérant que dans leur notion pure, les caractères généraux et les conditions nécessaires de la grandeur morale. La philosophie enveloppera de ses rayons pénétrants la réalité objective des faits et ajoutera de la grandeur à la grandeur même.

Qu'est-ce donc que la grandeur morale ? A quels signes reconnaissons-nous qu'une vie humaine en a été revêtue ?

Une vie pleine de grandeur, une vie que nous saluons, que nous acclamons comme le digne objet de l'admiration publique, est celle qui, douée de facultés puissantes, se consacre avec désintéressement à l'éclosion, au développement, à la défense d'une grande pensée ou d'une grande chose. Mais quelles sont les grandes pensées et quelles sont les grandes choses, celles du moins que l'estime universelle a baptisées de ce beau nom ? Messieurs, vous avez répondu avant moi : les grandes pensées et les grandes choses, celles qui, chez tous les peuples et dans tous les temps, ont paru mériter le plus d'émouvoir et de passionner noblement notre âme, sont celles qui se rattachent à la religion, à la science, à la bienfaisance publique, à l'honneur national. Dès lors, se consacrer à la religion, à la science, à la bienfaisance publique, à l'honneur national ; s'y consacrer avec intrépidité, avec persévérance ; s'y consacrer dans le travail, l'abnégation, la lutte, et la lutte poussée parfois jusqu'au sang répandu : voilà ce que nous appellerons, avec l'Histoire tout entière, une vie pleine de grandeur.

Mais, nous l'avons indiqué dans notre définition même : pour qu'une vie humaine atteigne à cette cime, il faut, en celui qui se consacre à la religion, à la science, à la bienfaisance publique, à l'honneur national, des facultés puissantes, car des facultés communes, quel que fût leur effort, ne pourraient jamais escalader les sommets escarpés où la grandeur repose.

VI

Or, parmi ces facultés puissantes, nécessaires instruments de la grandeur de l'homme, j'en distingue trois souveraines : une intelligence élevée, un cœur généreux, une volonté énergique et patiente. L'intelligence voit, le cœur aime, la volonté exécute ; il faut le concours harmonieux de ces trois forces au service d'une grande pensée ou d'une grande chose pour qu'un homme puisse laisser après lui, dans l'histoire, le souvenir d'une vie pleine de grandeur. Si l'intelligence lui avait manqué, il n'aurait pu saisir ni la nature des ressorts qu'il lui fallait mouvoir, ni le point précis des difficultés qu'il lui fallait vaincre. Si son cœur avait fléchi, il n'aurait pas tardé, sous le coup des premières résistances, des premières critiques ou même des premiers échecs, à se retirer du champ de bataille ; enfin, si sa volonté s'était montrée débile, si elle n'avait été ni mâle, ni appliquée, ni constante, c'est en vain que l'intelligence aurait vu et que le cœur aurait aimé ; l'action eût fait défaut ; tôt ou tard, l'entreprise commencée n'eût pas eu de couronnement, la vie qui promettait d'être grande fût demeurée inachevée dans sa gloire : comme un palais, dont les premières colonnes sont sorties de terre, dont les premiers marbres brillent au soleil, mais que l'architecte, à bout de ressources, a tout à coup et tristement abandonné.

Ai-je assez dit, Messieurs, sur les conditions requises pour former un grand homme ? Gardez-vous de le croire.

VII

Il ne suffit pas, en effet, de posséder de puissantes facultés, une intelligence élevée, un cœur généreux, une volonté énergique et patiente, il faut encore que des conditions favorables de culture littéraire et scientifique, de haute éducation et de direction morale, il faut que des circonstances propices d'action viennent permettre à ces facultés souveraines de se manifester. Que d'hommes (et il en est certainement parmi ceux qui m'écoutent) ont reçu du ciel une intelligence prompte et ouverte, un cœur ardent, une volonté virile, et qui cependant ne seront jamais grands dans l'histoire parce que l'éducation classique leur a manqué. Les germes sont là, d'une richesse et d'une beauté peu communes, mais la rosée qui féconde n'est pas tombée sur eux : ils n'éclateront jamais.

D'autres, au contraire, ont vu le bienfait d'une instruction solide et variée, d'une culture supérieure, s'ajouter au premier bienfait des dons naturels d'esprit et de cœur qu'ils possédaient, et néanmoins ces beaux navires ne fourniront aucune traversée glorieuse, parce que le souffle heureux des circonstances aura fait défaut à leurs voiles.

VIII

De là, Messieurs, deux phénomènes remarquables : l'âpre mécontentement des uns contre ce qu'ils appellent le sort, et l'aveugle confiance des autres dans ce qu'ils nomment poétiquement leur étoile. Les premiers, armés de toutes les forces nécessaires aux grandes choses, s'étonnent de demeurer inutiles, parce que les circonstances leur sont défavorables. Les seconds, c'est-à-dire ceux qui réussissent, ont un regard trop puissant pour ne pas s'apercevoir que toutes leurs qualités n'eussent servi de rien sans l'opportunité de tel ou tel événement qui les a mises en lumière ; et alors ces âmes, portées au-dessus du niveau commun par un souffle irrésistible, reconnaissent dans ce souffle l'action de la Providence si elles croient en Dieu, ou n'y voient qu'un hasard fortuné si elles sont impies : les unes répondent à la voix divine qui les appelle ; les autres, qui n'ont foi qu'aux forces aveugles, s'y abandonnent avec un fatalisme tout païen.

En résumé, la grandeur ici-bas est le résultat glorieux du concours de deux forces : celle de Dieu et celle de l'homme ; de Dieu, qui accorde les facultés souveraines, l'intelligence, le cœur, la volonté ; de l'homme, qui les cultive et qui les adapte habilement aux circonstances, dont l'opportunité, toute providentielle, ne fait jamais défaut aux âmes dignes et vaillantes.

La vie de l'amiral Courbet confirme avec éclat ces réflexions philosophiques.

IX

Il avait reçu en partage tous les dons qui font les grands hommes : une intelligence vive, un cœur généreux, une volonté puissante, auxquels il avait joint une instruction supérieure ; et cependant, il dut attendre jusqu'en ses dernières années l'occasion de se montrer à la France et au monde.

Mais il ne faut pas glisser sur les origines et sur la préparation d'une vie dont la fin devait être si resplendissante. L'existence d'un grand homme est un monument : les bases y sont toujours proportionnées au faîte. Étudions ces bases.

Né le 26 juin 1827 à Abbeville, d'une famille honorable dont il devait immortaliser le nom, Prosper-Anatole Courbet était le troisième enfant d'une mère qu'il perdit, hélas ! à l'âge de quatre ans à peine. Sa sœur aînée, sa sœur aujourd'hui inconsolable, et à laquelle il s'attacha comme à l'image vivante et douce de sa mère défunte, l'entoura des soins les plus tendres. C'est de sa bouche que nous avons appris que celui qui devait un jour arborer si fièrement le pavillon français sur les océans lointains était naturellement vif, impétueux, avec de très énergiques tendances à la rêverie, toujours quelque peu nonchalante, et à l'indiscipline, toujours quelque peu frondeuse. La rêverie et l'indiscipline sont le désespoir des éducateurs ; et pourtant, qu'ils ne s'y méprennent pas, ce sont là deux défauts qui supposent d'ordinaire deux grandes forces. La rêverie indique une imagination à l'étroit dans la réalité, une âme qui cherche à s'abstraire du milieu où elle plonge. L'indiscipline est la marque d'une personnalité qui s'accuse, d'une volonté qui s'affirme. Attachez à la rêverie les ailes du bon sens et de l'honneur, contenez l'indiscipline dans la forte cuirasse de la justice et sous le charme de la bonté ; n'humiliez jamais la première par le ridicule, n'irritez jamais la seconde par de trop durs châtiments, et il se pourra faire que l'amiral Courbet compte dès aujourd'hui, dans nos écoles, plus d'un émule et plus d'un successeur.

Pour lui, il commença ses études classiques au petit séminaire de Saint-Riquier, l'un des collèges les plus estimés du département de la Somme. Il y fit sa première communion. Sa réputation d'élève extraordinairement doué, sinon absolument studieux, ne s'y est pas éteinte ; mais la rêverie et l'indiscipline, qu'on lui reprochait alors avec raison, n'empêcheront pas le cahier d'or de Saint-Riquier de s'enrichir de son nom, désormais impérissable.

Cependant, notre futur amiral revint au foyer domestique, où son frère, qui devait aussi se distinguer un jour et représenter sa ville natale à la Chambre des Députés, se chargea lui-même de sa direction morale, tout en le confiant d'ailleurs, pour le travail quotidien, aux professeurs du collège d'Abbeville. L'enfant ne parut pas répondre, tout d'abord, à ce qu'on attendait de ses riches facultés : l'insubordination paralysait en lui le développement intellectuel. Un jour, son frère désolé lui adressa des reproches plus sérieux : « Si tu ne veux pas te corriger, lui dit-il, tu n'achèveras pas tes études ; ce serait tout à la fois sacrifices inutiles et temps perdu. » Et il lui indiqua quelques-uns des métiers les plus vulgaires, l'invitant à choisir. Vingt-quatre heures plus tard, — c'était le seul délai accordé à ses réflexions, — l'enfant répondit : « Je voudrais me présenter un jour à l'École polytechnique. » « Ce que tu demandes est grave, dit son frère étonné ; mais si tu occupes pendant un an le premier rang dans ta classe, — et je sais que tu le peux, — il sera fait selon tes désirs. » Et pendant un an, Messieurs, Anatole Courbet, qui avait accepté le contrat, occupa dans l'institution Spéri, à Amiens, ce premier rang d'où dépendait son entrée future à l'École polytechnique. Il y fut admis, en effet, après avoir passé quelques années préparatoires à Paris, dans l'institution Favart, et il en sortit en 1849 avec un rang et une renommée qui présageaient déjà son grand avenir.

X

Anatole Courbet avait vingt-deux ans. Paris était en feu. La Révolution du 24 février 1848 avait enflammé les esprits, surtout les esprits jeunes, à travers lesquels les idées justes et les utopies désastreuses, mêlées dans le même incendie, coulaient comme des métaux fondus ensemble. Anatole Courbet n'était pas de ceux qui, dans la première ardeur de l'âge, se dérobent à l'action d'un feu que tout en eux appelle, mais il n'était pas de ceux non plus qui s'y laissent consumer. Une Révolution dévore et éclaire : elle dévore les âmes peu résistantes et d'une trempe médiocre, mais elle éclaire les esprits vigoureux, pour lesquels une heure d'entraînement ne jette qu'un voile passager sur la réalité indestructible et l'implacable nature des choses.

A partir de cette époque, en effet, l'âme de notre ardent polytechnicien traverse une période de progressif apaisement, au sortir de laquelle elle apparaît fixée dans cette retenue, ce sang-froid, cette dignité inaltérable qui continrent désormais, sans les étouffer et les amoindrir, les élans de son grand cœur. Cette nature effervescente et toute au dehors se recueillit, se fortifia, dans la réflexion et dans l'étude ; ses ressources, qui se seraient bientôt taries en se dispersant, s'amoncelèrent au fond de son âme calmée, jusqu'au jour où notre marine française, engagée dans des opérations difficiles, devait y puiser ses meilleures forces.

XI

Je viens de prononcer ce mot : la marine française.

C'est à son service qu'Anatole Courbet, en quittant l'École polytechnique, se consacra. Quels motifs l'y déterminèrent ? Eut-il peur des entraînements fiévreux de cette multitude aventureuse, dont il venait de voir à Paris, dans le tourbillon d'une Révolution soudaine, les mouvements contradictoires et sanglants ? Ou bien comprit-il que sa modeste fortune était de beaucoup insuffisante pour soutenir l'éclat d'une vie dispendieuse et mondaine que sa nature passionnée et ses goûts délicats auraient voulu placer sur les hauteurs ? L'existence sobre et disciplinée du marin lui apparut-elle comme une infranchissable et glorieuse barrière aux envahissements de la politique et du plaisir ? Je l'ignore. Il a laissé dans le silence, même à l'égard de sa famille, les motifs secrets, mais à coup sûr profondément débattus, qui le jetèrent sur nos vaisseaux. Bossuet n'hésiterait pas à dire que l'amiral cédait, sans le savoir, à l'impulsion mystérieuse et irrésistible de la Providence. « C'est Dieu, s'écrierait-il, qui le réservait à la France pour lui faire connaître, après de longs jours de malheur, quelques rayons d'espérance et de gloire. » Eh bien ! soit. Je suis de ceux qui pensent que Bossuet a raison, que la France joue un rôle providentiel et que nos grands hommes sont, dans les mains divines, de souples instruments.

XII

Anatole Courbet, dès son arrivée à bord, manifesta les plus remarquables aptitudes. Il était né pour labourer la mer, comme d'autres pour labourer la terre : son navire était une charrue, et il le manœuvrait avec un coup d'œil et une puissance extraordinaires. Ses chefs déclarèrent, tout d'une voix, qu'il ne tarderait pas à faire parler de lui, et ils le proclamèrent enseigne de vaisseau à vingt-cinq ans.

Cette époque de sa vie, et qui en marque à peu près le milieu, puisque l'amiral s'est éteint dans sa cinquante-septième année, fut décisive. Quelle ardeur l'embrasait ! quel goût pour l'étude ! quelle indomptable application au travail ! Les mathématiques, la géographie, l'astronomie, qui sont comme le trépied d'or d'où le génie maritime commande aux flots, l'absorbaient tout entier. Et voici que, pour donner un corps à tous ses calculs et faire de lui un homme supérieur qui sût joindre le concret à l'abstrait, la connaissance expérimentale des faits à la connaissance théorique des principes, il est attaché à la corvette *la Capricieuse* pour un long voyage autour du monde.

XIII

De 1852 à 1856, il navigue lentement dans les mers orientales ; il examine, il étudie les pays lointains, et en particulier cette Indo-Chine, destinée à servir un jour de théâtre aux savantes manœuvres de son génie. Mais son intelligence, si vive et si passionnément investigatrice, n'était pas seule en éveil : son cœur, plein d'une bonté exquise, s'épanchait autour de lui sur les hommes auxquels il commandait. Il les aimait sincèrement : il en fut aimé avec enthousiasme. Et mes yeux ont baigné de larmes la lettre qu'écrivait, après plus de trente ans, un vieux marin qui l'avait servi à cette époque et qui disait à la sœur de l'illustre amiral : « Madame, je ne suis qu'un pauvre matelot, mais j'ai pleuré en apprenant la mort de votre glorieux frère. Je l'ai suivi autour du monde de 1854 à 1856 : comme il nous était dévoué ! Hélas ! nous avons tous perdu un père ! »

Le suffrage des chefs et des soldats plaçait déjà une auréole au front de notre jeune enseigne de vaisseau. La netteté de son esprit, la douce fermeté de son commandement, sa rare aptitude à traduire sa pensée et à la graver dans l'âme d'autrui, le désignaient d'elles-mêmes pour être l'éducateur de nos futurs marins. Il en reçut la mission en 1856, avec le grade de lieutenant, à bord du vaisseau-école *le Suffren*. Dix ans plus tard, le gouvernement de l'empereur Napoléon III, qui savait depuis longtemps quelles précieuses qualités Anatole Courbet mettait au service de la France, le nomma capitaine de frégate. Nos terribles malheurs de 1870 le surprirent dans ce poste honorable, où certainement il se fût distingué, si les immenses désastres de notre armée continentale n'avaient immobilisé notre flotte et ne l'eussent retenu lui-même aux Antilles.

XIV

Les formes politiques sont changeantes. La France demeure : Courbet continua de la servir. L'annuaire de la marine nous le montre capitaine de vaisseau en

1873, puis successivement chef d'état-major de la division cuirassée du Nord, commandée par l'amiral de Dompierre d'Hornoy, et chef d'état-major de l'escadre d'évolutions dans la Méditerranée, commandée tour à tour par l'amiral de Dompierre et l'amiral Cloué.

Après cette longue et dernière campagne, le gouvernement de la République le mit à la tête de l'administration si difficile de la Nouvelle-Calédonie. Il y déploya ces qualités éminentes de fermeté et de dignité, de sang-froid et de jugement, qui étaient comme l'âme de son âme. On le vit chaque dimanche à la messe, entouré de ses officiers, sans ostentation, mais sans respect humain. Les religieux et les religieuses menacés eurent en lui un avocat sincère. Les clameurs des âmes basses ne purent l'émouvoir. Notre illustre marin savait que la religion est un des ressorts fondamentaux des sociétés, et il n'était pas homme à le laisser briser stupidement sous ses yeux. Il savait aussi que le pavillon et le nom français n'ont pas, sur les plages de l'Orient et chez les peuples barbares, de représentants ni de défenseurs plus magnanimes que nos missionnaires, qui sont, avec nos marins, les soldats de la civilisation chrétienne sous ces climats de feu. Il respectait et il aimait l'Évangile dans la personne héroïque de ceux qui, à l'exemple des Puginier, des Caspar, des Lavigerie, des Augouard (1), portent d'Alger à Brazzaville et de Canton à Nouméa le

(1) Jamais l'opinion publique parmi nous, en ne se plaçant qu'au seul point de vue patriotique de l'influence française dans le monde, ne se rendra compte du rôle de nos admirables missionnaires. Le gouvernement de la République semble pourtant l'avoir entrevu, en décernant la croix d'honneur à Mgr Puginier et à Mgr Caspar, qui, l'un dans le Tonkin et l'autre dans l'Annam, nous ont rendu les services les plus signalés. Comment en serait-il autrement avec un amour de la France aussi vif et aussi désintéressé que celui qui les anime ! Voici ce que notre cher compatriote poitevin, le Père Augouard, nous écrivait, en date du 1er mai 1885, du fond de l'Afrique centrale, où son sublime dévouement a déjà réalisé des prodiges : « J'ai reçu ta bonne lettre du 11 février. Elle me rappelait les heures délicieuses et, hélas ! bien vite écoulées que j'ai passées avec toi l'année dernière, et elle faisait vibrer en mon cœur les échos harmonieux de la patrie absente. Ah ! c'est surtout à deux mille lieues de son pays que l'on sent son patriotisme et son profond amour pour ces chers rivages que l'on a quittés !... Tout n'est pas rose dans la vie du missionnaire, car les difficultés et les peines de toutes sortes ne nous font pas défaut ; mais au moins nous avons la consolation de voir ces sauvages tribus arriver peu à peu à la civilisation et au catholicisme. Les enfants viennent dans nos écoles apprendre notre belle langue française, et notre drapeau français, qui flotte au milieu des montagnes, est aimé et respecté des indigènes, qui y voient un symbole de paix et d'amitié, à l'ombre duquel ils trouvent toujours aide et protection. »

double et invincible amour de Jésus-Christ et de la France.

Ce fut à la Nouvelle-Calédonie qu'il reçut, en 1880, le grade de contre-amiral. Deux ans plus tard, il rentrait à Toulon, pour prendre aussitôt le commandement d'une division navale d'expériences et étudier les nouveaux types de navires, au perfectionnement scientifique desquels il s'intéressait avec passion. A peine était-il en mer, pour ces grands travaux, qu'on annonça la mort tragique du commandant Rivière, massacré par les *Pavillons-Noirs* au mépris des plus solennels traités. Cette nouvelle fit explosion parmi nous, comme un boulet. La Chambre entière, dans un sublime mouvement de patriotisme, vota à l'unanimité absolue l'expédition du Tonkin, et, le soir du 26 mai 1883, nos braves soldats recevaient au delà des mers ce télégramme d'un laconisme superbe : « La France vengera ses glorieux enfants ! » Et, pour venger ses glorieux enfants, la France confiait à l'amiral Courbet le commandement en chef de notre division navale.

Jusqu'alors, la vie de l'amiral Courbet, si utile et si dévouée aux intérêts publics, n'était cependant connue que des marins, auxquels il savait si bien commander, et de ses supérieurs hiérarchiques, auxquels il savait si bien obéir. L'expédition du Tonkin la fit enfin éclater aux yeux du monde et entrer glorieusement dans l'histoire.

Ici, Messieurs, il faut élargir les horizons et s'abandonner à pleines voiles au souffle du patriotisme.

XV

Partout où le sang français a été injustement répandu, la France doit apparaître pour en laver l'injure. Un peuple ne se fait respecter, sous le soleil, qu'autant qu'il couvre d'un inviolable bouclier la tête sacrée de ses enfants. Le royaume barbaresque de l'Annam semblait l'avoir désappris. Lié par un traité, en date du 15 mars 1874, qui reconnaissait à nos nationaux le droit de porter leurs pas et leur commerce sur toutes les routes du Tonkin, le royaume de l'Annam avait indignement foulé aux pieds ses engagements les plus augustes : l'incendie, le pillage des chrétientés placées sous notre protectorat, le massacre des missionnaires, l'entrée des fleuves fermée à nos produits, l'insulte à nos armes, dont la mort des deux commandants Berthe de Villers et Rivière fut le couronnement lugubre, avaient été, de 1874 jusqu'en 1883, la seule manière dont le gouvernement hypocrite de Hué avait compris et exécuté le contrat. La France était si loin ! Et elle n'avait jusqu'alors appuyé son pavillon que sur des forces si peu imposantes ! Mais, cette fois, la voici : l'amiral Courbet entre en scène, et son premier coup est un coup de maître.

Pendant que le général Bouet, commandant des troupes de terre, marche sur Son-Tay, dont la prise est réservée plus tard à notre amiral, celui-ci, qui a étudié la grande guerre dans de longues méditations des campagnes de Napoléon Ier et du feld-maréchal de Moltke, et qui sait qu'avant tout, chez un peuple assailli, il faut frapper la capitale, n'hésite pas, avec une poignée d'hommes (quinze cents à peine !) à remonter la rivière de Hué et à bombarder les forts de

Thuan-An, derrière lesquels le gouvernement annamite tremble soudain. Le 20 août 1883, les forts, criblés de projectiles par l'artillerie de nos vaisseaux, sont enlevés, et le 25 l'amiral Courbet signe un traité glorieux. Le roi de l'Annam reconnaît de nouveau et accepte pleinement le protectorat français. Il accorde le droit d'occuper, à titre permanent, les fortifications de Thuan-An et de l'entrée de la rivière, ainsi que la ligne de montagnes de Vung-Chiua, qui commande les communications de l'Annam avec la Cochinchine. La France s'engage, en retour, à garantir l'Annam de toute agression, soit du dehors, soit du dedans, et à soutenir par la diplomatie ou par les armes les justes revendications du roi contre l'étranger.

Ainsi, Messieurs, par un de ces traits d'audace calculée qui n'appartiennent qu'aux hommes supérieurs, l'amiral Courbet terminait la campagne. Mais derrière le gouvernement de l'Annam, plus effrayé que persuadé (les événements qui ont suivi nous en ont fourni la preuve sanglante), il y avait les Pavillons-Noirs, et derrière les Pavillons-Noirs, la Chine.

Cette double barrière était faite pour inspirer la crainte. Elle ne put effrayer notre illustre marin : et cinq mois ne se sont pas écoulés que nous le trouvons commandant en chef des troupes de terre et de mer, sous les murs de Son-Tay, dont la vaste citadelle, appelée « *l'Inviolable* » par les Chinois, qui venaient d'y jeter leurs meilleurs bataillons, apparaissait au premier aspect comme un obstacle infranchissable.

Cet obstacle infranchissable fut pourtant franchi.

XVI

Représentez-vous, Messieurs, à huit cent mètres du fleuve Rouge, qui traverse le Tonkin d'une frontière à l'autre, un quadrilatère de cinq cents mètres de côté, construit au dernier siècle en briques et en maçonnerie par des officiers français, envoyés par Louis XVI au roi Gia-Long. Ni Louis XVI, ni ses officiers, ne se doutaient qu'un siècle plus tard des soldats français devraient escalader, au prix du sang, des remparts qu'ils avaient dressés. Et cependant, le 11 décembre 1883, notre corps expéditionnaire partait de Hanoï, sous la conduite de notre immortel amiral, qui se fit un jeu d'emporter le fort de Phu-Sa et tous les ouvrages militaires élevés au bord du fleuve, jusqu'à la hauteur de Son-Tay. Son-Tay et sa citadelle étaient, pour les Chinois et pour les insurgés annamites, une sorte de lieu saint. La résistance y fut atroce, forcenée. Les Pavillons-Noirs poussèrent à bout le fanatisme. La nuit du 14 au 15 décembre 1883 ne fut qu'une longue et meurtrière fusillade. Mais le 16, nos troupes de terre, que l'amiral appuyait énergiquement du feu de ses vaisseaux, prononcent avec décision leur mouvement commencé depuis vingt-quatre heures : la citadelle de Son-Tay, pressée de plus en plus, est intrépidement abordée. Ses canons démontés font silence. L'amiral qui, descendu dans les rangs, anime lui-même de sa présence nos héroïques troupiers, s'élance tout à coup, et, d'une voix vibrante : « *Soldats, en avant !* » Un immense cri de : « *Vive la France !* » lui répond : bientôt, la légion étrangère, commandée par le brave Donnier, et les compagnies Bauche et Dulieu, qui la soutiennent, se heurtent à la porte murée de la citadelle, la font éclater sous la foudroyante énergie de la dynamite, et paraissent triomphants sur les remparts. Alors, la réserve, « qui trépignait d'impatience (1), » se précipite sur les pas des vainqueurs. « A 5 heures 45 du soir, dit l'amiral dans son rapport officiel, j'entre dans la place, accompagné de mon état-major général ; la nuit se fait rapidement, couvrant l'ennemi, qu'il serait téméraire de poursuivre dans une ville inconnue. Il faut s'arrêter au milieu de ce beau triomphe et s'organiser contre un retour offensif. »

Nous ne ferons observer que plus tard la modestie de l'amiral, qui ne laisse soupçonner ni l'habileté de ses dispositions militaires, ni son intrépide courage. Nous nous contenterons de remarquer que, pour la seconde fois et par la précision de ses coups, il renversait nos astucieux ennemis. Mais, de même que derrière l'Annam vaincu s'étaient dressés les Pavillons-Noirs, derrière les Pavillons-Noirs, aujourd'hui terrassés, se dressait la Chine, dont la tortueuse diplo-

---

(1) Paroles de l'amiral Courbet.

matie égarait en France et l'opinion publique et le ministère. Ce fut encore l'amiral Courbet qui, huit mois après, brisa ce dernier rempart et qui, par un fait d'armes plus étonnant que tous les autres, mérita de rester à jamais le héros de cette campagne.

XVII

Est-il besoin de vous en rappeler les circonstances ?

Qui ne sait que la Chine humiliée s'était enfin résignée à signer la paix le 11 mai 1884 ? Qui ne sait qu'à Bac-Lé, quand « l'encre était à peine séchée », elle prenait plaisir à nous harceler dans un lâche guet-apens, d'où le colonel Dugenne ne nous retira qu'à force d'habileté et d'énergie ? Qui ne sait que le grand Conseil de l'empire du Milieu (1) refusa l'indemnité qui nous était due et traîna perfidement en longueur d'interminables négociations, dont il ne se servait que comme d'un projet trompeur pour nous dérober les préparatifs d'une prochaine entrée en campagne ?

(1) Le Tsong-Li-Yamen.

Cependant, la France, fatiguée, s'aperçut qu'on dissimulait. L'amiral reçut l'ordre de préparer quelque nouveau coup formidable. Il avisa Fou-Tchéou, dont il résolut le bombardement. Ce devait être sa gloire.

La marine européenne n'aura pas compté, en ce siècle, d'entreprise plus périlleuse ni plus victorieusement couronnée. Il en faut, cependant, excepter Trafalgar, où le génie de Nelson triompha dans la mort. Notre infortuné amiral Villeneuve demanda au suicide l'oubli de cette effroyable défaite : qui se tue n'était pas fait pour commander. L'amiral Courbet était de meilleure trempe : ne négligeant rien pour vaincre, il n'eût pas été accablé par un échec. Mais son action contre Fou-Tchéou fut un triomphe, et l'un des plus beaux qu'ait jamais remportés la marine française. Racontons-le avec complaisance : hélas ! nous ne donnerons que des paroles à qui nous a donné du sang.

Dès le mois de juillet 1884, l'amiral Courbet remontait lentement la rivière Min et conduisait sa chère escadre dans une rade dont l'étroite ouverture eût désespéré tout autre marin que lui. Mais, avec son coup d'œil habituel, il avait mesuré que ses mouvements y seraient libres encore et suffisants pour anéantir la flotte chinoise, retirée superbement dans le port de Fou-Tchéou, à l'abri d'un immense arsenal et protégée par de redoutables batteries qui s'échelonnaient jusqu'à la mer.

Il dut attendre, pendant plus de trois semaines, l'ordre d'exécuter son foudroyant dessein. Les Chinois, confiants dans leur puissance, nous regardaient comme perdus. Leur puissance était grande, en effet, et bien capable d'inspirer de l'orgueil à des âmes asiatiques : onze gros bâtiments, douze jonques de guerre, sept canots-torpilles et des brûlots sans nombre composaient leur ligne de combat. L'amiral n'avait à leur opposer que sept vaisseaux et deux torpilleurs ; mais la supériorité de son commandement était faite pour combler la différence. Les Chinois, qui l'ignoraient, nous couvraient de leurs mépris : le moment était venu où tant d'insolence allait retomber, sur leurs têtes, en pluie de feu.

Le 22 août 1884, l'ordre d'agir arrivait de Paris, sur l'aile de l'électricité, et le 23, au matin, nos équipages fiévreux, l'œil fixé sur leur intrépide amiral, attendirent. A 1 heure 35 de l'après-midi, celui-ci, à bord du *Volta*, où il avait déployé son pavillon, donne le signal. Tout à coup, une formidable détonation remplit de bruit, de mitraille et de fumée, la rade entière ; d'immenses clameurs montent vers le ciel : la Chine et la France étaient aux prises.

L'Angleterre jalouse, ne pouvant contester notre valeur, a essayé de la noircir. Mais le nuage de ses calomnies s'est déchiré, comme le nuage de fumée qui couvrait la rade de Fou-Tchéou, et voici ce que l'Histoire racontera.

XVIII

Nos deux torpilleurs, jetés en avant, firent sauter en l'air, sous l'irrésistible explosion de leurs projectiles, les vaisseaux les plus puissants de la marine chinoise. Le reste, accablé de nos feux, fut mutilé, broyé. Les équipages, submergés et mêlés précipitamment aux débris enflammés des navires que le courant emportait, offrirent, en moins d'une heure, le spectacle le plus lamentable. Peut-être n'avait-on rien vu d'aussi tragique depuis notre désastre de la Hogue, alors que la rade de Cherbourg ne dressait pas encore au-dessus des flots ses remparts de granit, et que Tourville, impuissant, dut assister, les yeux en larmes, à l'incendie de notre escadre. Mais, à Fou-Tchéou, la France triomphait, et l'Angleterre en était témoin. La résistance de l'ennemi, qu'il ne faut pas dissimuler, honora sa défaite en augmentant notre gloire. La chute du jour ralentit nos coups, sans les suspendre. Il fallut passer la nuit en veille. La flotte chinoise, démontée et comme foudroyée, essayait de tirer parti de son désastre même en nous enveloppant de ses brûlots. Tout fut inutile. Et le 24, l'amiral Courbet, maître de ses mouvements, poursuivait avec sa précision ordinaire l'achèvement de son grand dessein.

Mais c'est maintenant que, comme des écueils jaillissant soudain du sein des mers, les difficultés les plus redoutables apparaissent.

Remonter le cours d'un fleuve entre deux boulevards hérissés de forts et de canons n'est rien quand la paix les tient silencieux ; mais en sortir quand, par une déclaration de guerre et des coups déjà frappés, on leur a rendu la voix et la fureur : là commence le péril. Notre amiral l'avait prévu, et, tandis qu'il ne lui fallut que quelques heures pour anéantir l'escadre chinoise, dont la jactance l'avait si follement provoqué, il lui faudra cinq jours pour se dégager du goulet menaçant, où il a dû conduire ses vaisseaux et la vengeance légitime du peuple français.

Il commence d'abord par détruire l'arsenal de Fou-Tchéou, l'orgueil de la Chine. Gênes et Alger, bombardées autrefois par Duquesne, n'eurent pas plus cruellement à souffrir. Ce fut le travail du 24 août 1884. Le 25, l'amiral se retire en amont de l'île Couding, non sans avoir enlevé trois canons Krupp et tenu à distance les fantassins chinois, accourus pour nous accabler de leur plongeante fusillade. Le 26, il triomphe des obstacles de la passe Mingan, dont il démonte les pièces. Le 27, il continue sa route vers

Kimpaï, ne laissant derrière lui que des ruines, et aussi, hélas! le lieutenant de vaisseau Bouet-Villaumez et l'enseigne Charlier, tués tous deux en cette fatale rencontre et tous deux dignes des larmes de toute la flotte. Enfin, le 28, l'amiral sort de la rivière Min, en détruisant dans un dernier effort plusieurs batteries blindées. Et pas un de ses vaisseaux, après « cette rude semaine », ne fut absent au mouillage de Matsou, quelques-uns couverts de blessures, tous couverts de gloire. L'amiral, que les artilleurs chinois avaient constamment visé sur *le Volta*, était resté sain et sauf. « Tu peux, écrivait-il à sa sœur, faire brûler un cierge à la Vierge d'Abbeville, devant laquelle notre mère aimait tant à prier. » Et quelques jours plus tard, ses marins envoyant leur pieuse offrande pour la basilique du Sacré-Cœur, à Montmartre, il figurait en tête de la souscription par un don personnel de 200 francs. Et maintenant, entendez-le, dans son rapport officiel, parler non pas de sa personne, les grandes âmes s'oublient toujours, mais de ses chers équipages : « La brillante journée du 23 août 1884 a justifié toutes nos prévisions. Je suis vraiment fier de commander à des officiers, à des équipages que l'amour de la patrie anime à un si haut degré. La France peut tout attendre de leur bravoure et de leur dévouement (1). »

N'ajoutons rien à de telles paroles. Il n'appartient qu'aux grands hommes de les écrire, en rendant justice aux mérites d'autrui. Cependant, la gloire d'un héros si modeste ne pouvait se perdre dans celle de ses lieutenants et de ses soldats : le gouvernement de la République le comprit et lui décerna la plus haute des récompenses, en attachant sur sa poitrine la médaille militaire.

XIX

Ici, Messieurs, commencent, après tant de triomphes, les longues souffrances de l'amiral Courbet, ou plutôt elles se continuent, car elles avaient commencé le jour où on lui avait demandé de résigner son com-

(1) Rapport officiel de l'amiral Courbet à l'amiral Peyron, alors ministre de la marine.

mandement en chef des troupes de terre et de mer, c'est-à-dire presque au lendemain de la glorieuse prise de Son-Tay.

L'amiral connaissait la Chine. Il savait que de grands coups, rapidement multipliés, pourraient seuls l'amener à signer la paix, parce que, chez les peuples orientaux plus encore que chez nous, vaincre, c'est convaincre. Après le bombardement de Fou-Tchéou, la Chine s'obstinant à résister, il voulut marcher sur Pékin et renouveler la brillante et décisive campagne du général de Montauban, comte de Palikao. « Le gouvernement s'y opposa. » (1) Et voilà ce que l'amiral ne put comprendre, ce qui fit saigner son cœur et très certainement abrégea sa vie. Pour lui, ne pas frapper à la tête la puissance chinoise, en menaçant son orgueilleuse capitale, c'était prolonger sans résul-

(1) Paroles de l'amiral Peyron au Sénat, dans la séance du 16 juillet 1885. Voici la citation entière : « Les mandarins chinois ont proposé un secours de trois millions pour les familles des victimes de Bac-Lé. Ils ont été désavoués à Pékin.... L'amiral Courbet demanda alors qu'on marchât sur cette ville : *le gouvernement s'y opposa*. Il ne voulait pas conquérir la Chine, mais seulement garder le Tonkin. » *(Journal officiel* du 17 juillet 1885.)

tats une guerre déjà si laborieuse. Il s'impatientait des résistances de la métropole et ne s'en cachait pas à ses amis, dont la prudence surprise n'a peut-être pas suffisamment dérobé à l'opinion publique les pensées secrètes de ce grand homme qui, loin du théâtre de notre politique intérieure, trouvait les ordres qu'on lui donnait d'une inintelligence et d'une faiblesse inexplicables.

XX

Inexplicables, cher et illustre amiral, ces ordres l'étaient pour vous et devaient l'être, sans aucun doute, pour vous qui occupiez le champ de bataille et qui voyiez, d'un regard d'aigle, le point précis où il fallait frapper, pour terminer glorieusement et promptement l'expédition. Mais le seront-ils, un jour, pour le philosophe qui connaîtra la nation française, telle que l'ont faite nos révolutions politiques et qui découvrira, au fond de tous nos malheurs, comme des sources funestes, nos divisions implacables, nos effroyables et mutuels ressentiments ? Bien qu'il n'appartienne qu'à la postérité de prononcer un jugement définitif, il faut néanmoins permettre à ma voix religieuse de proclamer tout haut, sur votre tombe, ô glorieux enfant de la France! que si vous avez cruellement souffert, la responsabilité en remonte, non pas à tel ministre plus ou moins présomptueux, ni à telle assemblée plus ou moins ignorante, mais à un état général des esprits, sous lequel plieront et succomberont, comme vous, tous ceux qui, cherchant à faire de grandes choses pour l'honneur national, se sentiront fatalement arrêtés par une main invisible, qui glacera leur génie et stérilisera leurs efforts. Un pays divisé est un pays impuissant. Quand l'opposition sans frein tient lieu d'intelligence pratique, quand on critique avec fureur un gouvernement, non pas à cause de ce qu'il fait, mais parce que c'est lui qui le fait; quand le succès tient lieu de moralité et que l'immoralité même conduit à la popularité; quand les passions de parti font taire le patriotisme; quand ce n'est plus la sagesse d'un homme, sa science, sa vertu, qui servent à le caractériser et à le recommander à l'attention publique, mais uniquement ses opinions, son audace et la couleur de son drapeau; quand, au lieu de songer au bien du pays, on n'a d'autre soin que l'humiliation et l'écrasement d'une des classes de la société; quand les préoccupations électorales l'emportent sur les préoccupations nationales et que, par crainte d'un désaveu certain, on est contraint de dissimuler au pays la vraie situation de sa politique extérieure et les obstacles que la justice et l'honneur lui font un égal devoir d'emporter d'assaut : c'est en vain, cher et illustre amiral, que vous et vos vaillants équipages, vous vous plaindrez de la mollesse et de l'indécision du pouvoir. Le pouvoir lui-même est la première victime de ces divisions qui vous écrasent. S'il dit à ce peuple qui ne veut pas la guerre et qu'on a trop longtemps entretenu dans cette pensée : « L'honneur te contraint d'en affronter les hasards, » le pouvoir est perdu, et si l'honneur est attaqué et qu'il ne le défende pas, le pouvoir est perdu encore, en sorte qu'il lui faut trouver l'illogique moyen de tirer l'épée, tout en proclamant qu'elle ne sortira pas du fourreau.

Un homme supérieur aux passions de son temps n'hésiterait pas, il est vrai, à déchirer le funeste voile des malentendus et des dissimulations, mais songez-vous aux périls qu'il lui faudrait courir et vous sentez-vous plus de grandeur d'âme que lui pour les affronter ? Notre histoire contemporaine ne nous présente-t-elle pas, de tous côtés, le vaste et désolant spectacle d'hommes changeants ? Connaissons-nous un parti politique qui n'ait eu dans l'opposition une toute autre physionomie et de tout autres procédés qu'une fois parvenu au timon de l'État ? La vérité où est-elle et qui oserait la dire tout entière ? Négocier, parlementer, n'ouvrir la bouche qu'à demi, dissimuler, pousser à bout toutes les ressources (et elles sont nombreuses) du système gouvernemental de Machiavel, paraît plus sûr. On se jette alors dans cette déplorable extrémité, dont tout le monde finit par être dupe. Mais nos divisions intestines en sont seules la cause, et je sens à ma douleur que je remplis un devoir en le déclarant.

Aussi, cher amiral, vos plaintes vont plus haut

qu'un ministère, plus haut qu'un gouvernement, plus haut qu'un système politique, elles vont jusqu'au peuple français lui-même, atteint dans tous ses rangs sociaux des mêmes erreurs et des mêmes défaillances. La division est partout, avec la haine et la bassesse, avec l'énervement et la stérilité. Et l'heure semble venue où un esprit sérieux peut se demander si la France sera capable de se fixer dans des institutions équitables, ou si nos divisions, mesquines autant qu'obstinées, ne nous condamneront pas à une croissante et irrémédiable décadence.

Loin de moi la pensée d'ajouter, par mes paroles, à ces divisions déjà trop déplorables ! Dieu m'en est témoin, le patriotisme le plus pur m'inspire seul. Le prêtre ne doit être que charité, et s'il touche aux plaies de son époque, ce n'est pas pour les enflammer, mais pour les guérir. Aussi bien, ce n'est pas en faisant votre éloge, cher amiral, qu'il pourrait m'être permis d'oublier que ces divisions, dont vous avez tant souffert, sans peut-être en sonder toute la profondeur, vous avez su nous en indiquer le remède sublime, qui est le dévouement.

XXI

Le dévouement, Messieurs, voilà le trait particulier des grands cœurs. Et quel dévouement que celui qui s'applique à suivre des ordres jugés irréfléchis et des plans convaincus de faiblesse ! L'obéissance nous est facile, quand nous avons nous-même inspiré le commandement; mais de quel fardeau elle nous charge quand le commandement nous déplaît ! L'amiral Courbet nous aura donné ce grand exemple d'une âme qui se dépense tout entière à exécuter des desseins qu'elle désapprouve. La France avait parlé par la bouche de ses représentants officiels : que fallait-il de plus ? Il en mourra, sans doute, et il ne l'ignore pas, bien qu'il cherche à le cacher à tous et particulièrement à sa famille. Mais la mort n'a rien qui l'épouvante. Il sert son pays, il l'aime ; son sacrifice est fait, il en mourra.

Ce ne sera pas, cependant, sans avoir promené de

nouveau et hardiment son pavillon sur les mers de l'Indo-Chine, ni sans l'avoir planté, avec gloire, sur les forteresses ennemies. Énumérons, en courant, ces suprêmes triomphes de son patriotisme. Le 1er octobre 1884, l'île Formose, déjà bloquée sévèrement, abandonne à son intrépidité la baie de Kelung et les travaux de défense qui la surplombent. Dans les premiers jours de février 1885, il poursuit une division chinoise qu'un instant il espère saisir : mais la vitesse de l'adversaire et l'épaisse brume qui se jette entre lui et l'amiral nous enlèvent l'occasion d'un beau triomphe. En revanche, le 29 mars, notre illustre marin marche à de nouvelles captures, et les îles Pescadores sont enveloppées de ses filets habiles, comme des poissons surpris par le pêcheur.

XXII

Ce fut sa dernière victoire et comme son adieu à la marine française, dont il venait de rehausser si magnifiquement l'honneur. Tant de travaux demandaient, semble-t-il, le doux repos de la patrie : la

France attendait son grand amiral. De quel cœur elle l'eût acclamé et pressé dans ses bras ! Mais ce n'est plus la terre natale, c'est le ciel qui doit désormais lui ouvrir ses portes. Venez donc, maintenant, vous tous qui l'aimiez et qui applaudissiez à son courage, venez le voir mourir. Trente-trois ans de fidèle service et dix-huit mois d'ardentes luttes, sous des climats dévorants, ont épuisé ses forces. Il se soutient à peine, mais il commande toujours. Le devoir est pour lui comme un sceptre, que la mort seule pourra lui faire tomber des mains. Il doit à tous l'exemple, il le sait, il le donne. Enfin, la fièvre, cette fois victorieuse, l'a jeté sur sa modeste couche de matelot : hélas ! il ne se lèvera plus. Approchons avec respect de ce lit, où meurt un grand homme : parlons de lui, nous le pouvons ; sa modestie ne saurait plus nous fermer la bouche. Jetons un vaste regard sur cette vie admirable et laissons-en le haut enseignement éclater de lui-même, avant qu'elle ne s'éteigne pour nous dans la nuit du tombeau.

XXIII

Prosper-Anatole Courbet restera pour la France un modèle incomparable de travail, d'abnégation et de bonté. Ces trois vertus résument sa vie héroïque, dont elles sont comme les trois rayons resplendissants. Le travail fut, pour son esprit investigateur, un besoin irrésistible, disons mieux : une passion. Il étudia, sans doute, de préférence, celle des sciences humaines qui se rapportaient davantage au grand art de la marine, dont il posséda tellement tous les secrets que ses collègues, les amiraux, le regardaient comme le premier d'entre eux (1); mais ce cercle, déjà si vaste, ne suffisait pas à son intelligence ardente. Ses connaissances, comme celles de tous les hommes transcendants, aspiraient à l'universalité et il se montra notamment d'une aptitude et d'une érudition peu communes, dans tout ce qui concerne les littératures étrangères. Il y puisait, sur les différents peuples et

---

(1) « Il était devenu l'officier le plus complet que j'ai rencontré dans ma longue carrière. » (Vice-amiral de Dompierre d'Hornoy).

sur les contrées qu'ils habitent, des notions précieuses dont il savait faire, en toute rencontre, les plus utiles applications. Mais le point où il porta ses plus vigoureux et ses plus persévérants efforts, fut le perfectionnement de la marine elle-même. Le bombardement de Fou-Tchéou, qui eût, chez un autre, absorbé toutes les facultés, ne l'empêcha pas de remarquer, au milieu du feu, les défauts de nos vaisseaux-torpilleurs et d'en concevoir aussitôt un nouveau modèle, beaucoup plus efficace à la guerre et dont la construction est déjà commencée dans nos ports. Le travail fut pour l'amiral Courbet, jusqu'à la fin, le pain quotidien de sa généreuse vie ; c'est par le travail qu'il conquit successivement tous ses grades, et là, sur ce lit où il est étendu, accablé d'illustres fatigues, il ne s'est couché que ce qu'il faut de temps pour mourir.

XXIV

Mais, peut-être, cet immense travail et les connaissances extraordinaires que l'amiral y avait acquises n'auront-ils pas été sans l'enfler de quelque orgueil ?

Il est si difficile de s'élever au-dessus des autres par le talent, d'en recevoir de toutes parts les hommages et de conserver sa simplicité ! Les vapeurs de l'encens troublent les meilleurs têtes. Messieurs, ne craignez rien : l'amiral Courbet fut un type accompli de modestie et d'abnégation. Sans doute, les esprits communs et vulgairement ambitieux regardent à leurs pieds l'armée innombrable de ceux auxquels ils se croient supérieurs; mais les hommes vraiment grands regardent toujours au-dessus d'eux, dans les profondeurs inaccessibles de l'idéal, le but sublime qu'ils se sentent impuissants à atteindre. S'ils se comparent, ce n'est pas avec les autres hommes pour les mépriser, mais avec eux-mêmes tels qu'ils voudraient être. Ils ne voient jamais ce qu'ils ont et toujours ce qu'ils voudraient avoir. Aussi, vous trouverez quelquefois, chez les grands hommes, de la fierté, car la fierté n'est souvent qu'une juste appréciation de notre dignité personnelle, mais vous n'y trouverez pas d'orgueil, c'est-à-dire le mépris des autres et la vaine complaisance pour soi. J'en appelle à tous ceux qui ont connu l'amiral, leurs témoignages sont unanimes : l'amiral s'oubliait lui-même pour ne songer qu'aux grands devoirs et aux soldats obscurs qui les remplissaient sous ses ordres. Lisez les rapports officiels qu'il adressait au ministre de la marine, chaque fois qu'une difficile opération avait eu lieu : l'éloge coule à flots de son cœur et de sa plume pour les troupes qu'il a dirigées. Un seul homme est toujours passé sous silence, et cet homme c'est lui. « L'amiral s'expose trop, beaucoup trop, écrit un jeune officier à son père ; je le lui ai dit, hier soir, à son retour de l'assaut de la porte de Hung-Hoa, en le complimentant. Pour toute réponse, il m'a embrassé, en disant : « Les braves gens, comme ils vont bien ! » Lui demande-t-on de résigner son commandement, à la veille de la prise de Bac-Ninh, pour laquelle il a tout préparé : il se soumet avec une touchante abnégation, passe sa main sur ses yeux pleins de larmes, et dit : « Ne parlons plus de cela ; le devoir militaire est parfois bien dur (1). » Mais ce devoir « bien dur », il le fait.

(1) *De Paris au Tonkin*, par le correspondant spécial du journal *le Temps* ; 10ᵉ lettre.

XXV

Travail, abnégation, grandes vertus, auxquelles il sut en ajouter une autre plus belle encore, je veux dire : la bonté.

Lacordaire cita un jour, dans la chaire de Notre-Dame, ces paroles bien connues : « Lorsque Dieu forma le cœur et les entrailles de l'homme, il y mit premièrement la bonté, comme le propre caractère de la nature divine et pour être comme la marque de cette main bienfaisante dont nous sortons (1); » et Lacordaire ajouta : « Quand Bossuet n'aurait écrit que ces quelques mots, je le tiendrais pour un grand homme. » Or, Messieurs, si tel est le prix de la bonté que d'en parler éloquemment soit une gloire, que faudra-t-il dire de l'amiral Courbet qui en était rempli ? Il me semble voir Turenne et Catinat, tous deux modestes et bons, sortir du tombeau et placer notre amiral au milieu d'eux : tellement il sut, à leur exemple, aimer les hommes et s'en faire aimer. Pas un de nos

---

(1) Oraison funèbre du prince de Condé.

soldats ne reviendra de cette expédition lointaine sans parler des privations affreuses qu'il a fallu y subir, mais il n'en est pas un qui, au nom de l'amiral Courbet, ne sente passer dans son cœur un souffle d'apaisement et de consolation. Ce grand homme était comme la brise rafraîchissante de l'armée, sous ces climats brûlants. « J'ai eu l'insigne honneur d'aller
« au feu sous ses ordres, écrit un soldat à la sœur de
« notre amiral; j'y fus blessé. Depuis lors, de quelles
« attentions et de quelle sollicitude ne m'a-t-il pas
« entouré! Aussi, j'ai tenu à vous dire toute ma
« peine. » Et un autre : « Il est mort victime de son
« immense abnégation. Il eût été suivi partout. Cha-
« cun l'aimait là-bas, chacun l'admirait. La marine
« et l'armée le pleurent également. »

Arrêtons-nous, Messieurs, sur ces paroles qui feront éternellement tressaillir le cœur de la France et qu'il faudra graver au pied de la statue de ce grand homme : *Chacun l'aimait là-bas !* Hélas! c'est « là-bas » aussi qu'il va mourir et le temps est venu d'assister à cette scène déchirante.

XXVI

Le voyez-vous, consumé par la fièvre, mais conservant, malgré les défaillances du corps, son âme tout entière ? Sa vie s'éteint, mais sa grande lumière, en finissant, jette ses plus beaux rayons. Le chrétien résigné apparaît derrière le patriote convaincu et le marin intrépide. Il appelle son aumônier, il se confesse, il reçoit les derniers sacrements, car il n'est pas de ceux qui méprisent la religion de leur mère. Ses officiers, qui sont tous ses amis, l'environnent et pleurent. L'amiral s'informe de la flotte et de ses chers équipages : il donne encore des ordres, une demi-heure avant de mourir. Enfin, le 11 juin 1885, à 11 h. 45 du soir, ses yeux se voilent et il s'endort du sommeil des justes et des braves, au lent et majestueux roulis du *Bayard,* dont le grand mât porte son pavillon. Spectacle sublime : l'Océan et son immensité, et là-bas, là-bas, la France qu'il ne reverra plus, mais à laquelle il envoie, dans son dernier souffle, un suprême et filial adieu !

Repose en paix, soldat bien-aimé ! Nous ramènerons tes restes glorieux à cette mère-patrie qui les attend. Ton retour, dans ce froid cercueil, sera plus triomphal que celui dont tes yeux auraient pu jouir. Les larmes répandues sont l'hommage suprême de l'amour. La France t'aimait, car la France te pleure. Il n'est pas une famille qui ne soit ta famille et qui ne te regrette, comme un ami, comme un fils, comme un père : j'en atteste ces lettres sans nombre, ces adresses solennelles de nos municipalités en deuil, ces poésies, ces hommages universels qui sont tombés, comme des couronnes, aux pieds de ta sœur vénérée, dans cette cité d'Abbeville si désolée de ta mort, mais si fière de ton nom ! O cher et illustre amiral, la Religion s'unit à la Patrie pour bénir votre grande mémoire. Du sein de Dieu, où repose votre âme héroïque, versez sur nous le céleste bienfait de la concorde et de l'union ! La France ressemble à un navire dont l'équipage est divisé. Amiral, amiral, obtenez-nous la paix et l'harmonie ! Faites-nous comprendre que si le choix et la nature des institutions ne dépendent pas toujours de notre volonté, il dépend toujours de notre intelligence et de notre dévouement de travailler à les améliorer et de les faire servir au bien public. La France sera si belle et si puissante, le jour où ses enfants n'auront qu'un cœur et qu'une âme, qu'une pensée et qu'un drapeau ! Puisse ce jour luire bientôt à nos yeux consolés ! Puisse votre souvenir, votre sublime exemple, hâter l'heure où toutes les classes de la société, le magistrat, le guerrier, l'artisan, le prêtre, porteront, d'un commun accord, sur leurs épaules viriles et fraternelles, le bouclier d'or de nos gloires nationales, et sur ce bouclier la France : la France toujours jeune et fière, toujours généreuse et vaillante, et montrant à son front radieux, dans l'avenir comme dans le passé, l'immortelle et virginale auréole du Christianisme.

ŒUVRES DE M. L'ABBÉ FRÉMONT

Librairie BERCHE & TRALIN, rue de Rennes, 69, PARIS

1. Conférences sur le Christianisme, 2 vol. . . 7 fr.
2. Rapports de l'Église et de l'État, 1 vol. . . 3 fr. 50

EN PRÉPARATION :

La Libre-Pensée contemporaine

aux prises avec les dogmes fondamentaux

du Christianisme.

(3 volumes).

DES PRESSES

DE ESPÉRANCE CAGNIARD

ROUEN

www.ingramcontent.com/pod-product-compliance
Lightning Source LLC
LaVergne TN
LVHW051512090426
835512LV00010B/2487